JN410736

김병완의 마흔 혁명 시리즈 5부작 중 제2권

제목: 마흐, 흐름에 몸을 맡겨라

부제: 자연처럼 살아야 인생이 다시 열린다

" 이 책은 10년 전 출간되어 종합 베스트셀러에도 오른 책의 개정 증보판으로, 독자들이 읽기 쉽고, 휴대에 편하게 하도록, 5부작으로 나누어 5권의 얇은 책 개념으로 시리즈로 출간하여, 부담 없이 독서를 즐기도록 특별 기획한 시리즈임을 알려 드립니다. "

프롤로그_ 40대는 인생을 결정짓는 가장 중요한 시기이다.

" 자꾸만 내가 흔들리는 이유는 오직 하나, 내 인생이 남의 지문으로 가득하다는 거. 버리자, 더 이상 버릴 게 없는 내 것으로부터 인생을 다시 시작하자. "

_ 알렌 코헨, [내 것이 아니면 모두 버려라] 중에서 _

우리의 40대는 새로운 인생의 최대의 기회이자 위기이다.

우리의 삶은 황량한 겨울 들판일 수도 있고, 이름 모를 꽃들로 뒤덮인 봄의 동산일 수도 있다. 때로는 외롭고 눈물겨운 때도 있고, 마음이 산산이 부서져 내리는 때도 있고, 뛸 듯이 기쁘게 희망에 벅찰 때도 있다.

기쁨과 즐거움, 슬픔과 좌절이 우리의 삶을 씨줄과 날줄로 교차해 나간다 해도 우리는 인생의 절정기인 40대에 반드시 해야 할 일들이 있다는 것을 알게 되었다.

나의 40대는 오랫동안 잠자고 있던 열정이 깨어나는 시기였다. 40대가 되기 전에는 무엇을 해도 실패투성이었다. 아무 쓸

모 없는, 아무 가치도 없는, 아무 의미도 없는 무조건 앞만 보고 달리고, 누군가가 시키는 삶을 살았고, 누군가가 원하는 삶을 살았다.

한 마디로 나의 20대와 30대의 삶은 가짜였다. 그런 삶에는 나 자신이 존재할 공간이 없었다는 사실을 뒤늦게 발견했다. 40대의 삶은 진짜 내 인생이고, 진짜 삶이었다. 인생의 풍파를 다 겪어 낸 후 알게 된 진짜 인생을 시작하는 첫 순간은 바로 40대이다. 적어도 나는 그랬다.

이것이 진짜 인생이다. 바로 40을 넘긴 내가 얻어 낸 교훈이며 진실한 내 마음이다. 이것을 얻기 위해 그렇게도 열심히 앞만 보고 달려왔고, 질주를 해 왔다. 이제는 진짜 인생을 살고 싶다. 그렇게 하기 위해 이 책을 썼고, 동시에 그렇게 살고 있기 때문에 이 책을 쓸 수 있었다.

인생 후반을 가슴 뛰는 삶으로 살고 싶다면 40대의 나이에 우리가 반드시 해야 할 일이 있다. 이 세상에는 공짜 점심이란 것이 없다. 심은 만큼 거두고, 뿌린 만큼 열매를 보게 된다. 그러므로 인생 후반을 가슴 뛰게 할 만큼 멋지고 눈부시게 살고 싶다면 그 만큼 멋지고 놀라운 일, 즉 세상을 놀라게 할 만한 일을 시작해야 한다.

40대를 어떻게 보내느냐에 따라서 인생 후반의 삶의 질과 수준이 결정된다고 할 수 있다. 40대에 위대한 일을 시작한 이들을 우리는 알고 있다. 그들이 인생의 후반을 가슴 뛰게 하는 그런 멋진 삶을 살아갈 수 있었던 것은 그들이 그들의 나이 40대에 세상을 놀라게 할 일을 시작할 수 있었기 때문이다.

빅토르 위고가 [레 미제라블]의 집필을 시작한 나이는 44세 때이다. 르네상스의 3대 거장 중 한 명인 레오나르도 다 빈치가 세계 미술사에서 가장 뛰어난 그림 가운데 하나로 손꼽히는 < 최후의 만찬>을 그리기 시작한 시기는 그의 나이 43세 때였다. 중국 최고의 통사인 [사기]를 사마천이 저술에 착수한 시기가 그의 나이 43세 때였고, 증권 거래소 직원이었던 빈센트 반 고흐가 화가의 길로 들어선 것도 바로 그의 나이 43세 때의 일이었다. 신문 기자 출신인 이안 플레밍이 첩보영화의 기념비적인 영화라고 할 수 있고 전 세계인들이 가장 사랑한 스파이 영화인 [007 시리즈]를 쓰기 시작한 시기는 그의 나이 41세 때였다. 평범한 가정주부였던 박완서 작가가 평생 처음으로 전문적으로 글을 쓰기 시작하여 등단했을 때 그의 나이는 정확히

40이었다.

우리들도 이들처럼 40대의 나이에 세상을 놀라게 할 수 있는 일을 시작할 수 있다. 위대한 위인들은 모두 그렇게 시작했다.

그런 점에서 인생에서 가장 중요한 시기를 꼽으라면 필자는 40대라고 말하고 싶다. 30대 까지는 인생이 무엇인지 잘 보이지 않는 시기이다. 하지만 40대는 인생이 무엇인지 조금 보이기 시작하는 시기이고, 바로 그때 사람들은 자신이 진정 무엇을 하고 싶어 하는지? 그리고 자신이 진정 이 세상에서 원하는 것이 무엇인지를 정확하게 발견하게 되고 알게 되는 시기이기 때문이다. 그리고 그때 정말 자신이 하고 싶은 일을 용기를 내어 과감하게 시작하는 이들은 위대한 인생을 경험할 수 있게 되는 것이다.

과거 30년 전만 해도 좋은 대학교를 나와서 좋은 직장이나 직업을 가지게 되면 나머지 인생 동안 큰 문제 없이 살아갈 수 있는 그런 평균 수명이 40에서 50에 불과한 시대에 우리의 인생 선배들이 살았다. 그래서 그 당시에 인생의 절정기는 20대와 30대였다. 20대와 30대 무엇을 하느냐에 따라 나머지 20년인 인생 후반기가 결정되기 때문이다. 하지만 이제는 인간의 평균 수명이 놀랍게 늘어났다. 그래서 80에서 100세 사이를 오가고 있다. 그래서 나이 40세 이전의 삶은 리허설과 같은 삶이 되어 버렸다.

40대 때 새로운 인생을 도전하여 멋지게 인생의 후반기를 살아 내는 사람들이 차츰 많아지기 시작했다. 40대 이후의 40년은 이제 선물로 우리에게 주어졌지만, 그 선물을 어떻게 잘 만들어 나가느냐는 40대의 나이에 무엇을 어떻게 준비하고 어떻게 살아 나가느냐에 달려 있다고 말할 수 있다. 그러므로 이제는 인생의 절정기는 40대이다.

인생에서 가장 중요한 시기는 20대가 아니고, 30대도 아니고, 이제는 40대이다. 40대 때 반드시 해야 할 50가지를 통해 인생 후반기를 잘 준비해 보자.

이 책은 20대를 넘어 30대까지 아무 쓸모 없이 앞만 보고 달린 사람들을 위한 책이다. 40대야 말로 가장 찬란하고 가장 눈부신 인생을 살아 갈 수 있게 해 주는 위대한 인생이 가장 빛나는 순간이다. 그 40대에 반드시 해야 할 일들이 있음을 느끼고 이제 내가 가야 할 길을 가고 싶다.

필자가 '반드시 해야 할 50가지'를 정했듯이 독자들 스스로가 이 책을 다 읽었거나 중간쯤 읽었을 때 스스로 정할 수 있게 될 것이다. 그것이 이 책의 목적이다. 40대들이 스스로 자신이 반드시 해야 할 50가지를 정하도록 하는 것, 바로 그것이다.

" 모든 것의 시작은 위험하다. 그러나 무엇을 막론하고, 시작하지 않으면 아무것도 시작되지 않는다."

프리드리히 니체의 말처럼 위험하지만, 아무것도 시작하지 못하는 40대보다는 무엇을 막론하고 시작하는 40대가 내 눈에는 위대해 보인다.

" 인생의 성공과 실패는 40대에 결정된다."

인생은 40대 부터가 진짜 인생이다. 40대에 접어들면서 수많은 도전을 할 수 있다. 40대에 접어들면서 우리는 새로운 인생 후반기를 힘차게 시작할 수 있다. 40대는 제 2의 청춘이며, 새로운 삶의 첫 번째 청춘이다.

20대와 30대는 내 마음대로 선택하고 실천할 수 없었다. 40대야말로 내 마음대로 선택하고 실천할 수 있는 최고의 시기이다.

또한 40대는 마지막 남은 가장 젊은 도전과 모험의 시기이다. 40대야말로 인생이 무엇인지 조금 보이기 시작하는 매우 중요한 시기이다.

40대야말로 내 자신이 가장 잘 하는 것이 무엇인지 알 수 있는 시기이다. 우리의 20대와 30대가 실패로 얼룩져 있든, 찬란한 성공으로 눈부시든 그것은 하나도 중요하지 않다. 가장 중요한 것은 40대의 눈부신 성공과 가치 있는 실패이다.

40대는 제대로 살아갈 수 있는 최고의 신체적 사회적 정신적 조건을 갖춘 가장 젊은 시기이다. 40대에게는 인생의 쓴맛, 단맛, 뜨거운 맛, 더러운 맛, 차가운 맛을 모두 겪고서 살아남은 내공이 있다.

그렇기 때문에 40대는 무엇이든 즐길 수 있는 자격이 있다. 그렇기 때문에 40대는 무엇이든 도전할 수 있는 정신이 있다. 그렇기 때문에 40대는 가장 찬란한 인생의 절정기인 것이다. 그렇기 때문에 40대는 허투루 보낼 수는 없는 최고로 소중한 시기인 것이다.

지금까지는 타인의 생각과 시선에 좌우된 남의 인생을 살았나면, 40대는 다른 사람이 아닌 오직 자기 자신의 인생을 주도적으로 살아 갈 수 있는 시기이다. 40대, 인생의 진짜 승부는 지금부터다!

인생의 클라이맥스는 40대이다. 40대여! 도전하고 혁신하고 즐기고 누려라. 날마다 가슴 뛰는 삶을 향해 날아올라라. 40대인 그대는 해 낼 수 있다.

"어느 누구도 과거로 돌아가서 새롭게 시작할 순 없지만,

지금부터 시작해 새로운 결말을 맺을 순 있다."

-- 카를 바르트

프롤로그_ 40대는 인생을 결정짓는 가장 중요한 시기이다.

제3장. 나무처럼 물처럼 구름처럼 살아 보자.

가슴 뛰는 인생 후반전을 위해 11.

나무처럼 물처럼 구름처럼 살아 보자.

가슴 뛰는 인생 후반전을 위해 12.

한 번쯤은 용서 못 할 사람도 용서해 주자.

가슴 뛰는 인생 후반전을 위해 13.

평생 현역이 될 수 있는 방법을 찾아보자.

가슴 뛰는 인생 후반전을 위해 14.

진짜 자기가 하고 싶은 것에 도전 해 보자.

가슴 뛰는 인생 후반전을 위해 15.

세계적인 거장을 만나서 이야기를 나누어 보자.

제4장. 40대, 진짜 공부에 도전 해 보자.

가슴 뛰는 인생 후반전을 위해 16.

서로 다른 여러 개의 직업을 가져 보자.

가슴 뛰는 인생 후반전을 위해 17.

앞으로 50년의 인생, 50년의 삶을 설계해 보자.

가슴 뛰는 인생 후반전을 위해 18.

40대, 진짜 공부에 도전 해 보자.

가슴 뛰는 인생 후반전을 위해 19.

중년의 품격이 우리를 드높이게 하자.

가슴 뛰는 인생 후반전을 위해 20.

철학자가 되어 사유의 경계를 넓혀 보자.

에필로그_ 눈부신 인생 후반을 위하여.

승자는 문제 속에 뛰어 든다.

패자는 문제의 변두리에서만 맴돈다.

– 빅토르 위고 –

제3장. 나무처럼 물처럼 구름처럼 살아 보자.

"적이 많나요? 그렇다면, 남 흉보는 버릇부터 고치세요. 그리고 자신을 낮추고 겸손해지세요. 적을 만들지 않는 자가 적들을 다 싸워 이길 수 있는 힘을 가진 자보다 훨씬 더 대단합니다."

_ 혜민 스님, [멈추면, 비로소 보이는 것들] 중에서 _

삶의 진정한 풍요로움은

외적 성공이 아니라 내적 만족에서 온다.

– 애덤 스미스 –

가슴 뛰는 인생 후반전을 위해 11. 나무처럼 물처럼 구름처럼 살아 보자.

인생은 부침이 심하다. 그것이 인생의 본질이다. 그렇기 때문에 우리에게 유연한 사고와 민첩한 위기 대처 능력이 필요한 것이다. 21세기와 같은 변혁의 시대에는 더더욱 그렇다고 할 수 있다.

위대한 사람들을 살펴보면 살다가 넘어지고 실수하고 실패하는 경우가 매우 적은 것이 아니라 그들은 오히려 더 많은 시도와 도전을 하고 더 많은 실천을 하기 때문에 이러한 것들이 더 많다. 하지만 그들은 이러한 것들에 대해 결코 연연해하지 않고 그러한 일들을 통해 더 많은 것을 배우며 그러한 일들 때문에 오히려 더 멀리까지 나아갈 수 있게 된다.

[터닝포인트]라는 책에서 읽었던 아래 문장은 우리가 인생을 때로는 나무처럼 물처럼 구름처럼 초월하여 살면서 새로운 것을 끊임없이 배우며 사는 것에 대해 잘 설명해 준다

" 서핑 보드에 올라탄 이들은 계획하지 않는다. 멋대로 움직이는 파도와 순간순간 대화하고 부대끼며 나아간다. 문제에 대

한 쓸모 있는 해답은 심각한 인식이나 불만족으로 얻을 수 없다. 최선의 방법은 몇 가지 대안들을 대강 뽑아본 다음 곧바로 도전해 보는 것이다. 그리고 우왕좌왕, 좌충우돌하면서 자신을 '물 먹이는' 현실로부터 해답을 배워 나가는 것이다."

나무나 물이나 구름은 절대 실패나, 자신을 물 먹이는 현실에 대해 불평하거나 투덜대지 않는다. 오히려 그럴 때마다 삶의 지혜를 배우고, 자신의 행동을 낮추고 돌아가고 비우며 산다. 우리 역시 이러한 삶을 살 때 좀 더 나은 삶을 지속해서 창출해 나가며 살아갈 수 있다.

실수한다는 것, 실패한다는 것이 의미하는 것은 우리의 능력이 부족하다는 것을 의미하지 않는다. 인생에서 우리가 뭔가를 배웠다는 사실을 의미한다. 넘어지는 것이 두렵고 부끄러운 사람은 절대 걸어 다니는 법을 배울 수 없다. 실패를 두려워하고 부끄러워하는 순간 절대 성공할 수 없다.

실패를 두려워하고 부끄러워하는 순간 그 어떤 행동도 그 어떤 도전도 그 어떤 생각도 멈추게 된다. 우리는 행동하는 사람이어야 한다. 지나치게 주저하거나 지나치게 완벽을 추구해서는 안 된다. 지나치게 현학적이거나, 지나치게 자기 과시적인 사람들은 타인의 시선 때문에 행동하지 못한다. 그 결과 이런 사람들은 주어진 기회조차 활용하지 못한다. 실패에 대한 두려움, 타인의 실망스러운 시선, 불확실한 미래를 견뎌낼 재간이 없기 때문이다.

나무처럼, 구름처럼, 물처럼 산다는 것은 그 어떤 것에도 연연하지 않는 자유로운 삶을 말한다. 이들에게는 두려움도, 욕망도, 타인의 시선도, 불확실한 미래에 대한 염려도 없다. 그저 행동할 뿐이다. 그것도 너무나 자유롭게 말이다.

두려움과 욕망과 타인의 시선과 불확실한 미래에 대한 염려는 우리에게 존재하는 모든 가능성의 문들을 닫아 버린다. 그 결과 옴짝달싹할 수도 없는 피동적인 삶을 살아가게 된다. 성공하는 사람들은 모든 가능성에 문을 열어 놓고 행동한다. 그 결과 그러한 행동은 또 다른 가능성의 문들을 자꾸 열어 놓게 된다. 그 결과 남들보다 더 많은 성공과 성취를 할 수 있게 된다.

물처럼, 구름처럼, 바람처럼 산다는 것은 매일 같이 약진할 것을 준비하고 무엇인가 행동하며 나아간다는 것이다. 결코 그 자리에 안주하지 않는다. 하지만 조급해하거나 성급하게 행동하지 않는 다. 움직이지 않는 것처럼 보이지만 쉬지 않고 전진한다. 그 결과 생각지도 못한 높은 곳까지 이르게 된다. 이것이 가슴 뛰는 인생 후반전을 살아가는 사람들의 처세술이다.

우리는 자연을 통해 삶의 지혜를 배울 수 있다. 가장 이상적인 삶은 자연에 순응하면서 자연의 흐름에 내맡길 때 가능하다. 동양의 현자 중에서는 노자가 이 경우에 해당될 것이다. 노자처럼 살기 위해서는 세상에 대한 탐욕을 버려야 가능하다. 구름처럼 욕심을 비우고, 초조한 마음을 비운다면 우리는 훨씬 더 나은 결과를 얻게 된다.

서양 속담에는 매우 재미있는 속담이 있다. '지켜보는 냄비는 끓지 않는다.(A watched pot never boils)' 라는 속담이다. 과연 이것이 과학적으로 타당한 말일까? 현대 물리학의 근간이 되는 양자물리학에서 이 속담을 생생하게 입증해 보였다.

신이 부리는 요술이라는 부제를 가지고 있는 책 [왓칭]에 보면 하버드 대학 출신의 물리학자인 이타노 박사가 냄비가 끓게 되는 상황을 그대로 전자파와 원자로 구현하여 실험을 했다. 그런데 놀라운 사실은 빨리 냄비의 계란이 익기를 초조하게 바라면서 자꾸 바라볼수록 끓는 속도는 더디게 된다는 사실을 입증해 보여 주었던 것이다. 결국 우리가 어떤 일을 할 때, 조바심을 내고 자꾸 초조해하고 걱정하게 되면 그 일은 실패하거나 아주 늦게 성사될 확률이 높아지게 되는 것이다.

가장 좋은 방법은 구름처럼 욕심을 버리고 순리대로 일을 하고 기다리고 마음의 잡념을 버리는 것이다. 그래서 성공의 대가들은 평상심을 유지하려고 노력했던 것이라고 말할 수 있다. 어떤 시련이나 역경이 닥쳐도 평상심을 유지할 때 잘 해결되고, 잘 극복해 낼 수 있는 것이다.

필자가 생각하는 나무처럼 구름처럼 물처럼 살아가는 최고의 지혜는 자신을 낮추고 겸손해지는 것이고, 욕심을 버리는 것이다. 우리가 자꾸 주위 사람들과 다투는 이유 중에서 가장 큰 것은 자신을 내세우려고 하는 욕심 때문이다. 그러므로 겸손하고 자신을 낮추지 못 할 때 우리는 물처럼 구름처럼 나무처럼 살아가기가 힘들게 된다.

물과 구름과 나무는 자신을 내세우지 않는다. 자신의 이익을 구하지 않고 그저 자신의 존재 이유에 충실하게 행동한다. 인간은 이와 다르다. 자신의 존재 이유에 충실한 것을 넘어서 과욕을 부리고, 자신의 것이 아닌 것까지 탐을 낸다. 그래서 병이 생기고, 다툼이 생기고, 전쟁이 생기고, 갈등이 생기고, 아픔이 생기고, 상처가 생기는 것이다.

가슴 뛰는 인생 후반전을 위해 12. 한 번쯤은 용서 못 할 사람도 용서해 주자.

채근담(菜根譚)에는 다음과 같은 말이 나온다.

" 남의 잘못은 관대하게 대하라. 그러나 자기의 잘못에는 엄격하지 않으면 안 된다. 자기의 괴로움은 이를 악물고 참아내라. 그러나 타인의 아픔은 지나치지 마라."

이 말에서 필자의 가슴에 와닿은 말은 '남의 잘못은 관대하게 대하라 ' 라는 말이다. 인생을 살면서 40대는 이미 산전수전을 다 겪은 그야말로 인생에 베테랑이다. 하지만 과연 지금까지 우리는 타인에 대해 관대하게 대하며 살아왔던가?

타인의 손톱 밑에 끼어 있는 때만큼 작은 실수에도 버럭 화를 내며 세상이 끝나 갈 것 같이 소리를 지른 적이 없었나? 필자는 부끄럽게도 그런 적이 많았다. 다혈질의 성격을 가지고 있었을 때, 그리고 인생의 가장 밑바다을 살고 있었을 때는 더욱더 그랬다.

그때는 지하철 자비가 없어서 시하철 역장한테 이유 없이 화를 내고, 직업이 없기 때문에 대출을 못 해 준다고 말하는 은행 직원에게 30분 이상 쏘아붙이기도 했다. 세상에서 가장 밑바닥 인생을 살아본 필자는 왜 이렇게 싸움닭처럼 변하게 되는 것인가를 알게 되었다. 그것은 바로 세상에 배신당했다는 배신감과 열심히 일을 했는데도 지긋지긋한 가난과 생활고에서 벗어나지 못한 자신에 대한 화풀이와 응어리가 타인에게 말도 안 되는 분노로 표출이 되는 것이라는 사실을 알게 되었다.

결국 화를 낸다는 것은 자신의 어리석음과 약함을 공개적으로 선언하는 것과 다르지 않는 것이다. 세상에는 용서받지 못할 사람도 있을 수 있다. 하지만 그런 사람조차도 그렇게 만든 것은 바로 우리들일 수 있다는 사실을 한 번 정도는 생각해 봐야 한다. 무조건 극악무도한 짓을 한 사람을 액면 그대로 그 사실만을 보고 용서해 주지 않고, 극형에 처한다면 그것은 그 사람이 살아온 환경과 사회로부터, 세상으로부터, 타인으로부터 받았던 영향을 완전히 무시해 버리는 어리석은 섣부른 판단이 아닐 수 없다고 생각한다.

만약에 극악무도한 살인범이 지구가 아닌 다른 행성에서 태어나 그곳에서 살다가 자신의 힘으로 스스로 지구에 와서 누군가에게 극악무도한 짓을 저질렀다고 하면 그 사람에 대해서는 극형을 처한다고 해도 나는 아무런 변호도 할 수 없을 것이다. 그 사람의 지금 상태를 만든 것은 우리가 아니고 내가 아니기 때문이다. 하지만 우리가 살고 있는 한국 사회에서 누군가가 태어나서 그 아이가 자라면서 보고 듣고 생각하고 행동하는 삶의 양식과 방식의 틀을 형성하도록 해 준 이 사회를 살아왔던 우리 40대들은 모두 그 아이를 그렇게 만든 장본인이라고 할 수 있다.

우리가 조금만 길거리에서 스치는 사람들에게 친절하게 대하고, 미소를 지었다면 한 명의 아이가 범죄자가 되는 것을 막을 수도 있었다고 나는 생각한다. 이 세상을 바꾸는 것은, 이 세상을 살기 좋은 세상으로 만드는 것은 거대하고 엄청난 시설과 시스템이 아니라 우리 개개인의 작은 미소와 친절이라고 생각하기 때문이다. 나비효과가 자연에만 있는 것이 아니다. 나비효과는 우리 인간과 인간의 만남과 사귐, 접촉에도 존재한다.

어릴 적에 내가 누군가에게서 들었던 한마디의 말이 평생 나를 좌지우지하는 결정적인 말이 될 수 있는 것이다. 또한 40대 우리들이 어린 아이에게 한 마디 내뱉은 말이 그 아이의 인생을 결정짓는 말이 될 수도 있다. 이것이 나비효과가 아니고 무엇인가?

아무리 나쁜 짓을 한 사람이라도 그 아이도 역시 자라면서 세상과 기성세대들에게 그 정도의 크기만큼 괄시와 비난과 상처를 받았다는 사실을 우리는 한 번 이라고 생각해 봐야 한다. 그 아이가 조금만 더 좋은 부모를 만나고, 헌신적인 선생님을 만나고, 조금만 더 친절한 이웃을 만났다면 그 아이의 삶은 지금과 달라졌을 것이라고 나는 생각한다.

딱 한 번쯤은 절대로 용서 못 할 사람이 우리 주위에 있다면 그 사람을 한 번만이라도 용서 해 주자. 그것은 결코 쉬운 것은 아닐 것이다. 하지만 그 딱 한 번의 용서를 통해 엄청나게 성장하고 도약하고 커지는 사람은 바로 우리 자신이라는 사실도 우리는 깨달을 수 있을 것이다.

우리는 자기 자신을 대접하는 대로 대접받는다. 자신의 자아이미지대로 이 세상과 타인은 그대로 반응해 주고 대접해 주기 때문이다. 그래서 긍정적인 자아 이미지를 가지고 있는 사람이 훨씬 더 잘 산다. 긍정한다는 것은 결국 자신을 좀 더 나은 관점에서 바라보고 그렇게 대접해 준다는 것이다. 이와 함께 타인을 용서한다는 것은 자기 자신을 무시한다는 것이 아니라 자기 자신을 존중하기에 타인 역시 존중해 준다는 개념을 가져야 한다.

재미있는 사실은 타인에 대해 친절할수록 우리는 우리 자신을 더욱 더 존중하는 사람이라는 것이다. 즉 타인에게 그만큼 더 친절할 수 있다는 것은 그만큼 더 자신이 자기 자신을 사랑하고 존중해 줄 뿐만 아니라 스스로 최고로 대접해 준다는 것을 의미한다. 우리가 행복하지 못하다면 절대로 타인을 행복하게 해 줄 수 없는 것처럼, 우리가 스스로 존중하고, 세상으로부터 존중을 받을 때 우리 역시도 타인을 존중해 줄 수 있는 것이다.

결국 용서한다는 것은 그러한 존중과 대접을 타인에게 베풀어 준다는 것이다. 그래서 용서하는 만큼 우리는 더 존중과 대접을 받을 수 있는 자격이 형성되는 것이다.

가슴 뛰는 인생 후반전을 위해 13. 평생 현역이 될 수 있는 방법을 찾아보자.

대개 인류 역사를 되돌아보면, 가장 무시되어 왔던 시기가 중년의 시기였음을 알게 된다. 그래서 중년의 위기가 더욱더 가슴 아픈 것인지도 모른다. 이러한 사실이 문제가 되고 이슈가 되는 것은 인생이 이제 길어졌기 때문이면서 동시에 직장은 짧아졌기 때문이다.

[길어진 인생을 사는 기술]이란 책을 읽으면 우리의 평균 수명이 얼마나 급속도로 길어졌는지에 대해 잘 이해할 수 있다. 이 책에 소개된 내용 중에 하나를 보면 이러한 사실을 더욱 더 실감 나게 알 수 있다.

" 쿠러 벨이라는 가명으로 [제인 에어], [셜리], [빌레트] 라는 소설을 발표한 셋째 샬럿 브론테는 남매들 중에 가장 오래 살아서 39세까지 살았고 마지막 해에 대리목사인 아서 벨 니콘스와 결혼을 했다. 샬럿이 늦게 결혼한 것은 병든 아버지를 돌봐야 해서 니콜스의 청혼을 죽 거절해 왔기 때문이었다. 사망 당시 샬럿은 임신 중이었다. 남매들 중 외아들이자 가족의 커다란 희망이었던 브랜웰은 실패한 예술가로서 31세가 되던

1848년에 삶을 마감하였다. 엘리스 벨이라는 가명으로 불멸의 시 여섯 편과 소설 [폭풍의 언덕]을 남긴 에밀리 브론테는 30세 때 폐렴으로 생을 마감했다. 그리고 세 자매 작가 중 가장 산문적이었던 앤 브론테가 세상과 이별한 나이는 29세였다.

자, 이제 쉽게 계산할 수 있을 것이다. 여섯 남매의 평균수명은 25세였다." < 슈테판 볼만, [길어진 인생을 사는 기술], 프롤로그에서>

이와 마찬가지로 우리의 평균 수명은 18세기의 세 배, 100년 전의 두 배에 육박한다. 하지만 길어진 인생이 무조건 축복인 것은 아니다. 길어진 인생을 축복으로 전환시키느냐, 고통으로 전환시키느냐는 오롯이 자기 자신에게 달려 있다. 필자가 생각하기에 길어진 인생을 축복으로 전환시키는 최고의 방법은 돈을 많이 벌어 놓는 것이 아니라 평생 현역으로 살아가는 것이다.

길어진 인생과 짧아진 직장생활! 이 두 가지 현상이 발생하면서 중년의 삶은 더욱 더 위태로워졌다고 할 수 있다. 그렇다면 40대의 중년이 가만있을 수는 없다. 시대가 변함에 따라, 상황이 바뀜에 따라 그러한 도전에 응전해야 한다. 그것이 인생이기 때문이다. 가만히 있다는 것은 결국 자멸을 의미하기 때문이다.

필자가 학교를 다닐 때 가장 기억에 남는 이야기 중에 하나가 개구리 요리에 대한 이야기였다. 뜨거운 물에 개구리를 넣으면 그 개구리는 바로 튀어 나오지만, 처음에는 미지근한 물에 넣고서 서서히 가열을 하면 물이 뜨거워져도 눈치를 채지 못 하고 그냥 삶아져서 죽는 다는 것이었다.

지금의 40대 중년들에게 가장 위험한 것은 이런 상황일 것이다. 어제와 오늘은 분명 다르고, 내일과 모레는 분명 다르다. 하지만 하루하루 그저 열심히 살아가는 사람들은 그것을 잘 느끼지 못한다. 그래서 십 년이 지나고 이십 년이 지난 후에야 세상이 급변했다는 사실을 깨닫게 되고, 그제야 부랴부랴 변혁을 시도하지만, 그 때는 이미 너무 늦었다고 할 수 있다.

가슴 뛰는 인생 후반전을 위해 하지 않으면 안 될 일 중에 하나는 평생 현역으로 뛸 수 있는 방법을 강구하는 것이다. 가장 좋은 방법은 자신의 힘으로 먹고 살 수 있는 프리랜서가 되는 것이다.

찰스 핸디는 자신의 저서인 [코끼리와 벼룩]을 통해 기업이나 조직에 의해 고용되는 고용 문화에서 벗어나 프리에이전트리는 개념의 개인이 스스로 자신을 고용하는 문화로 이 세상이 변하고 있음을 잘 말해 주었다.

코끼리는 대기업을 벼룩은 대기업에서 나와 자기 혼자 힘으로 살아가는 포트폴리오 생활을 하는 사람을 말한다. 찰스 핸디는 자신의 또 다른 저서를 통해 자신도 역시 포트폴리오 생활을 하는 사람이며, 그 가능성에 대해 점점 매료되어 갔다고 말하면서, 특히 중년이 된 사람들은 더욱더 그럴 것이라고 예측했다.

"나는 생각을 거듭할수록 독립적인 포트폴리오 생활의 가능성에 점점 매료되었다. 주말을 뺀 나머지 5일을 전일제로 일하며 죄수처럼 갇혀 지내는 나한테 포트폴리오 생활은 자유와 같은 의미였다. 사람들은 자기한테 맞춰 자유롭게 생활을 정해야 한다. 특히 중년이 되었을 때는, 사람은 나이가 들면 조직에서 나와야 하며, 점점 공급이 줄어드는 직종을 떠나 장래가 유망한 직종으로 이동해야 한다는 것이 예나 지금이나 나의 지론이다. 달리 말하자면 중년이 되면 대부분이 판에 박힌 일과를 견딜 만한 열정과 활력을 잃는다는 의미도 된다. 순진한 낙관론 속에서 감소하는 활력을 지혜가 보완해주리라 생각한다. 하지만 지혜는 활력만큼 많이 필요하지 않다." < 찰스 핸디, [포트폴리오 인생], 175 ~176쪽 >

번잡한 이야기를 다 내려놓더라도 우리가 기억해야 하는 한 가지는 '매일 아침 잠자리에서 일어났을 때 반드시 할 일이 있어야 한다는 것'이다. 만약에 할 일이 없는 그런 삶을 살게 된다면 그 때부터 당신은 급속도로 남들보다 두세 배 빨리 늙게 되고, 심지어는 죽을 수도 있게 된다.

우리에게도 유명한 [부자 아빠 가난한 아빠]의 저자인 로버트 기요사키는 엄청난 부자가 되어 평생 먹고 살 수 있는 돈을 모았다. 그래서 은퇴를 했다. 하지만 아무리 부자라 해도 할 일이 없는 삶은 결국 고통이라는 사실을 깨닫고 다시 일의 세계로 되돌아왔다. 그는 일이 없는 삶은 곧 늙음이고 죽음이라는 사실을 경험을 통해 깨닫게 되었던 것이다.

그러므로 생존을 위해서라도 평생 현역으로 일을 할 수 있는 방법과 길을 찾아야 한다. 그리고 그렇게 평생 현역으로 일을 할 수 있는 길을 발견하고 그 길을 갈 때 그 보상으로 주어지는 것은 단순히 생존뿐만이 아니라 부와 명예와 삶의 활력이라는 어마어마한 것들이라는 사실도 쉽게 깨닫게 될 것이다.

직장을 다니다가 중년이 되면서 직장을 벗어나 1인 기업가가 된 사람들, 1인 CEO가 된 사람들, 사장님이 된 사람들, 농장주가 된 사람들, 가게주가 된 사람들, 프리랜서가 된 사람들, 예술가가 된 사람들이 모두 평생 현역으로 살 수 있는 방법을 찾은 사람들이다.

대표적인 1인 기업가로 한국 사회에서는 가장 잘 알려진 인물이 공병호 연구소장과 구본형 변화경영전문가이다. 이 두 사람은 모두 40대를 전후해서 다니던 직장을 벗어나 자기 스스로 할 수 있는 일을 찾아서 그것을 하면서 평생 현역의 방법을 성공적으로 발견하고 개척해 나갔다는 점에서 공통점이 있다고 할 수 있다.

우리가 평생 현역으로 살아가는 방법에 대해 연구하고 분석하고 그것을 발견하고 그 길을 준비해야 하는 이유는 점점 많은 중년들이 거의 반강제로 자신이 소속된 회사에서 내몰리거나, 자의로 나오는 길을 택하게 될 것이기 때문이다. 결과적으로 사회 구성원의 다수가 조직 인간이 아니라 개인이 스스로를 고용하는 그러한 프리랜서인 사회로 급속도로 전환되고 있음을 우리는 깨달아야 한다.

세계적인 경영 구루 중에 구루인 톰 피터스(Tom Peters)도 이러한 사실에 대해 잘 말해 주고 있다.

" 우리는 아직도 거대 기업의 지배 하에서 명령에만 복종해야 했던 과거의 직장 노예 상태를 그리워한다. 우리는 안정된 직장이라는 환상에 젖어 새로운 시대에는 개인의 재창조가 필요하다는 사실을 깨닫지 못하고 있다. 이제 우리는 새로운 개념의 직장과 정체성을 받아들여야 한다. 크고 작은 여러 기업을 종횡무진하면서 일련의 와우 프로젝트를 수행하는 새로운 나를 발견해야 한다. 다소 겁도 나고 호기심이 일기도 한다. 아무래도 좋다. 이것이 브랜드유 세상의 삶이다." < 톰 피터스, [인재], 14쪽 >

이제 우리는 새로운 자신의 길을 발견해야 한다. 그것이 이 시대의 생존하는 새로운 방식이기 때문이다. 평생직장이라는 생각은 이제 추호도 하지 말자. 평생 현역의 삶을 발견하고 준비하고 개척해 나가자. 그것만큼 가슴 뛰는 인생 후반전을 위한 준비 사항도 없을 것이다.

가슴 뛰는 인생 후반전을 위해 14. 진짜 자기가 하고 싶은 것에 도전을 해 보자.

40대의 나이는 새로운 시도를 할 수 있는 가장 멋진 나이이다. 가장 멋진 나이라는 속뜻은 20대와 30대 때는 아무것도 눈에 보이지 않고, 누군가가 원하는 삶을 묵묵히 살아내면서 인생을 배우는 시기라는 의미도 포함되어 있다.

자기가 무엇을 하든, 자기 자신이 오롯이 책임질 수 있을 때 우리는 그 사람에 대해서 할 자격이 있다고 말한다. 그런 점에서 20대와 30대의 인생은 스스로 책임지기에는 사회적인 제약이 너무 많다. 뿐만 아니라 세상이 어떤 세상이며 자기 자신이 무엇을 잘할 수 있는 사람인지에 대해 제대로 깨닫기에는 경험과 지식이 일천할 수 밖에 없다.

최소한 40이 되어야 인생이 조금 보이기 시작한다. 그리고 자기 자신의 참된 모습이 어떤 것인지 깨닫게 된다. 바로 이때가 새로운 삶을 위해 새로운 도전을 하기에 가장 좋은, 아니 가장 멋진 나이라는 의미인 것이다.

필자의 경험으로 볼 때, 20대 때는 모든 것이 좋았다. 새롭게 경험해 봐야 하고, 새롭게 배워야 하고, 새롭게 도전해야 할 것들은 너무 많았다. 하지만 정작 자기 자신의 삶이라고 하기에는 너무 타인의 지문이 많이 묻어 있는 시기였다. 뿐만 아니라 이 시기에는 자기 자신이 되기 위해 노력하며 살아가는 시기가 아니라 남들과 똑같아 지기 위해 남들만큼의 학식을 갖추고, 남들만큼의 직장을 갖추고, 남들만큼의 경험을 갖추고, 남들만큼의 스펙을 갖기 위해 노력했던 시기이다.

모든 것이 좋다고 해서 그런 삶이 모든 것이 제대로 된 삶이라고 할 수는 없다. 필자의 20대는 한 마디로 정신없이 세상이 만들어 놓은 길을 걸어갔다. 고등학교를 졸업하고, 대학교에 입학을 하고, 정신없이 군대를 갔다 오고, 다시 취업을 위해 정신없이 대학을 다니고, 다시 취업을 하자, 다시 정신없이 일을 하면서 그렇게 나의 20대와 30대는 지나갔다.

그런 미숙한 시기를 지나 40대가 되자 그동안의 미숙한 경험을 통해 세상이 조금 보이기 시작한다는 것을 깨닫게 되자, 가장 견딜 수 없는 것은 내가 진정으로 하고 싶었던 일은 이것이 아니라는 사실이었다.

인생의 진검승부는 40대에 이루어진다. 그러므로 이제 우리는 진짜 승부를 봐야 할 때를 살아가고 있는 것이다. 두려운가? 사실 두렵지 않은 사람이 어디 있으랴? 문제는 두려움이 아니라 가슴이 시키는 일을 시도조차 하지 못한 채 인생의 절정기인 40대를 건너는 것이다.

정상에 오르는 사람들은 놀랍게도 자신이 하고 싶은 일을 했기 때문에 그것이 가능했다고 말하는 사람들이 많다. 그런 점에서 자기가 하고 싶은 일을 한다는 것은 결국 성공의 토대가 되는 원리이다.

'진짜 자기가 하고 싶은 것을 하는 것' 은 가슴 뛰는 중년이 있는 삶을 살아가고, 눈부신 노년을 준비하는 최고의 방법이다.

'인간은 스스로 행복해지기로 결심한 만큼 행복해질 수 있다.' 라고 미국의 16대 대통령 링컨이 말했다면, 필자는 여기에 몇 가지를 덧붙이고 싶다.' 인간은 스스로 성공하기로 결심한 만큼 성공할 수 있고, 자기가 하고 싶은 것을 하기로 결심하고 노력한 만큼 더욱 더 행복하고 성공적인 삶을 살아 갈 수 있다. ' 고 말이다.

새로운 것에 대한 도전은 사람을 성장시키고 발전시킨다. 더구나 자기가 하고 싶은 것에 대한 도전에는 열정과 의욕이 샘솟게 되고, 그 효과는 그 어떤 것에 대한 도전보다 더 크며, 40대 중년들조차 전율을 느끼며 열광할 수 있게 해 준다. 어디 그뿐인가? 날마다 가슴 설레는 아침을 맞이할 수 있게 해 준다.

도전한다고 무조건 삶이 바뀌는 것은 아니다. 하지만 도전하지 않고 어제와 같은 오늘을 살아가는 사람은 지루하고 무미건조하고 맥주에 김이 빠진 것과 같은 삶을 살게 된다. 하지만 자기가 하고 싶은 것에 도전하는 사람은 살아 움직이는 생동감 있는 삶을 살아갈 수 있다. 그러한 삶은 새로운 활력을 불어넣어 주며, 새로운 삶의 의미를 부여해 준다.

도전하는 삶이 이렇게 유익함에도 도전하는 삶을 살지 못하는 이유는 용기가 필요하기 때문이다. 가정을 돌보며 생계를 책임져야 하는 40대 가장들은 더더욱 그렇다. 하지만 우리가 눈앞의 생계보다 더 중요하게 생각해야 할 한 가지 사실은 우리가 좋아하는 일, 하고 싶은 일에 도전하는 것은 더 멋진 가장으로 도약할 수 있는 최고의 방법이라는 사실이다.

가장으로서 하루하루 생계를 책임진다는 명목 아래 하기 싫은 일을 평생 하는 가장의 모습을 가족들이 봤을 때 미안해하고 감

사해할 것이다. 하지만 존경하거나 배우려고 하지는 않을 것이다. 아무도 당신 같은 삶을 살고 싶다고 말하지 않을 것이다. 더 중요한 사실은 자신의 삶을 잃어버리고 살아온 삶에는 그 어떤 열광도, 가슴 떨림도 없다는 것이다. 그런 삶은 가족들조차 좋아하지 않는다.

반면에 지금 당장의 가장으로서의 의무와 가정의 생계 문제를 내려놓고, 과감하게 자신이 하고 싶은 일에 도전을 하면서 살아간다면 가족들은 당신을 존경하고 배우고자 할 것이다. 그러한 도전하는 삶이 최고의 삶의 모습이기 때문이다.

더 재미있는 사실은 눈앞에 놓여있는 가정의 생계 문제, 가장으로서의 의무를 잠시 내려놓고 자신이 진정 하고 싶은 일에 도전한 사람들이 결국에는 훨씬 더 부자가 되고, 가족들을 훨씬 더 부요하고 윤택하게 해 줄 수 있는 사람으로 도약하게 된다는 사실이다.

가슴 뛰는 인생 후반전을 위해 15. 세계적인 거장을 만나서 이야기를 나누어 보자.

" 만약에 내가 소크라테스와 점심을 같이 할 수 있다면 우리 회사가 가지고 있는 모든 기술을 그것과 바꾸겠다. "

혁신의 아이콘인 스티브 잡스가 한 말이다. 그는 과연 무슨 의도로 이런 말을 했을까?

인생을 살아보면 알게 되는 것들이 적지 않다. 그래서 40의 나이는 매우 큰 내공을 획득한 나이라고 할 수 있다. 하지만 평생을 살아도 깨닫기 힘든 것들도 이 세상에 존재한다. 그런 점에서 세계적인 거장을 만나서 이야기를 나누어 볼 필요가 있다.

자신의 머리로는 평생 살아도 깨치지 못하는 진리나 통찰을 세계적인 거장과의 짧은 만남을 통해 깨우치게 되는 경우가 많기 때문이다. 중요한 것은 우리가 평생 살면서 도저히 평범한 사람의 수준에서 깨칠 수 없는 고귀한 진리를 세계적인 거장과의 짧은 만남을 통해 깨우치게 될 때, 그 깨우침을 통해 우리 자신이 엄청나게 도약할 수 있게 된다는 사실이다.

수천, 수만 권의 책을 읽어야 하는 이유도 바로 이것과 사뭇 비슷하다. 수천 권의 책을 통해 우리는 우리의 의식 수준으로는 평생을 살아도 깨우치지 못하는 것들을 깨우칠 수 있는 수준으로 도약을 할 수 있게 되기 때문이다. 결국 인생은 우리가 읽은 것과 만난 사람들과 경험한 인생의 합작품이다.

우리가 평범한 사람 수천 명을 만나는 것보다 위대한 철학자 한 명을 만나는 것이 때로는 더 유익할 수 있다. 그렇기 때문에 세계적인 거장, 뛰어난 사람을 만나는 것은 매우 특별한 경험이 될 수 있고, 특별한 배움이 될 수 있다.

진나라의 시황제가 [한비자]란 책을 읽고 나서, '아아! 과인이 이것을 쓴 사람을 만나 함께 이야기를 나눌 수 있다면 죽어도 여한이 없겠구나. " 라고 말한 것은 뛰어난 사람과의 만남이 얼마나 중요한 것인지를 그는 잘 대변해 준다.

당신은 40년 동안 살면서 세계적인 거장 혹은 아주 뛰어난 누군가를 만나서 이야기를 직접 나누어 본 적이 있는가? 아마도 대부분의 사람들은 그런 특별한 경험이 없을 것이다. 그러므로 이제 40대의 당신은 한 번 정도는 세계적인 거장을 만나서 이야기를 나누어 볼 수 있는 기회를 붙잡도록 해 보라.

세계 최고의 부자이면서 최고의 투자가로 유명한 워렌 버핏과 만나서 식사를 하면서 이야기를 나누어 보는 것에 도전해 봐도 나쁘지 않을 것 같다. 그와 점심을 함께 하기 위해서는 경매에 참가하면 된다. '버핏과의 점심' 이 작년에는 사상 최고가인 263만 달러에 낙찰 되었다. 약 33억 원 정도이다.

이처럼 세계적인 거장과 만나서 직접 이야기를 나누는 것은 엄청난 돈을 들여서라도 만나야 할 정도로 가치가 있는 것이다. 세계적인 거장이나 한 분야에서 일가를 이룬 고수들은 모두 그들만의 남다른 철학이 있고, 생활 방식이 있다.

우리는 앞만 보고 달려가는 습성이 있다. 그래서 그 속도로 인해서 쉽게 길을 잃게 헤매다가도 남들도 자신처럼 길을 잃고 헤매는 모습을 보고 위안을 얻고 또 다시 내달린다. 앞도 보이지 않는 상황에서 속도를 늦추지 않고, 멈출 생각은 추호도 하지 않는 다. 그렇게 내달리고 보니 정말 이제는 되돌아갈 수도 달릴 수도 없는 그런 상황에 빠지게 되고, 급기야는 인생을 포기하게 된다.

이러한 삶에서 벗어나기 위해 우리는 세계적인 거장을 만나서 길을 물어봐야 한다. 최소한 어떻게 해서 정상에 오를 수 있게 되었는지 물어본다면 그들은 모두 어떤 대답을 해 줄 까? 정말 궁금하다.

필자가 백수 무직자에서 처음 용기를 갖고 작가의 삶을 시작한 지 1년이 되던 때 이런 생각을 했다.

” 나는 아직 정상에 오른 작가는 아니다. 이제 작가로서의 삶을 본격적으로 시작한 지 1년 정도밖에 되지 않았다고 할 수 있다. 책 한 권 어떻게 하다가 출간한 것은 전업 작가의 삶이라고 할 수 없기 때문이다. 진짜 전업 작가로서 살기 시작한 것은 작년 이맘때부터이다. 그렇기 때문에 결국 1년 정도밖에 되지 않은 작가이다. 하지만 10년 후, 혹은 20년 후에는 기성 작가로 살아가게 될 것이라고 나는 확신과 기대를 가지고 있다. 그렇다. 나는 확신한다. “

만약에 그때 어느 정도의 정상에 올라서 대한민국의 국민 중에 10%가 필자의 이름을 알게 된다면 나 역시 누군가에게 더 많은 지혜를 전해 줄 수 있는 사람이 되어 있을 것이라고 생각할 수 있다. 그것은 앞으로 10년 혹은 20년 동안 자기 자신을 갈고 닦았기 때문이다.

위대한 거장 중에 자기 자신을 갈고 닦는 것에 게을리하면서 그 자리에 오른 사람들은 한 명도 없을 것이다. 책을 많이 읽어야 하는 이유 중에 하나는 위대한 거장들을 책을 통해 만날 수 있기 때문이다. 과거에 살았던 인물들은 어떤 수를 쓰더라도 만날 수 없다. 그런 점에서 책은 위대한 매개체이다.

동시대의 위대한 인물들은 책을 통해서 만나는 것은 매일 시도해야 한다. 그리고 시간과 여건이 된다면 직접 만나서 이야기를 나누어 보는 것도 엄청나게 자기 자신에게 유익한 시간이 될 것이라고 필자는 생각한다. 그 짧은 만남을 통해 인생이 달라질 수도 있지 않을까? 어떤 놀라운 책 한 권을 통해 인생이 바뀐 사람도 있다. 하물며 위대한 거장을 직접 만나 이야기를 하게 되면 얼마나 놀라운 변화가 생길지는 아무도 모르는 일이다.

웃을 수 있을 때 웃어라.

한 번도 웃지 않은 하루는 가장 무의미한 하루다.

- 찰리 채플린 -

제4장. 40대, 진짜 공부에 도전 해 보자.

인생은 결국 습관이다.

그러므로 어떤 습관을 내 것으로 만드느냐가 인생 최대의 과제이다.

- 빌 게이츠 -

가슴 뛰는 인생 후반전을 위해 16. 서로 다른 여러 개의 직업을 가져 보자.

세상이 변했다. 과거에는 하나의 직업을 가졌다면 그것을 제대로 오래 해 보지도 못한 상태로, 40이 되기 전에 죽는 경우가 다반사였다. 그래서 직업을 여러 개 가져 본다는 것은 정말 말도 안 되는 상상이었다. 평균 수명이 40도 채 안 되었기 때문이다.

하지만 이제는 세상이 바뀌어, 평균 수명이 80을 넘었다. 이제 우리는 30대 때 직장인으로 직장 생활을 하다가도 40대 때는 프리랜서로 작가가 되고, 또 50대 때는 대학 교수가 되고, 또 60대 때는 회사의 CEO가 되고, 70대 때는 정치인이 될 수 있는 그런 시대에 살고 있다. 뿐만 아니라 어떤 사람의 경우에는 한 번에 여러 개의 서로 다른 직업을 가지고 살아갈 수도 있게 되었다. 첨단 기기와 복잡해진 사회 덕분이다.

실제로 의사라는 직업을 가졌다가, 기업의 CEO가 되고, 또 대학교수가 되고, 또 정치인이 되는 사람도 있다. 바로 안철수이다. 그뿐만이 아니다. 필자 역시 30대 때는 평범한 직장인이었다. 40대 때는 작가로 왕성한 활동을 하고 있다. 물론 상언

가로도 활동을 하고 있다. 만약에 50대 때 대학 교수나 회사의 CEO가 될 수도 있다. 지금 40대를 어떻게 보내느냐에 달려 있다고 생각한다.

세상이 변했고, 인생이 길어졌기 때문에 우리는 하나의 생명으로 여러 개의 인생을 경험해 볼 수 있게 되었다. 이러한 좋은 기회를 부여받은 우리들은 이런 기회를 그저 허비해서는 안 된다. 물론 한 가지 직업을 가지고 오랫동안 살아간다고 해서 그것이 잘못 되었다거나 인생을 낭비한다는 것은 절대 아니다.

첫 번째 가진 직업에서 큰 기쁨과 즐거움을 찾을 수 있고, 평생 그 일을 해도 질리지 않고 눈부신 인생을 살아갈 수 있는 사람은 다른 사람이 아무리 말려도 그 일을 할 수밖에 없다. 그리고 그런 사람은 행복한 사람이라고 할 수 있다. 하지만 이런 사람이 과연 얼마나 될까?

그리고 설사 이런 사람이라고 하더라도 좀 더 다채로운 삶을 살고 싶다면 여러 개의 직업을 가져 보는 것도 긴 인생을 좀 더 활력적으로 살아가는 좋은 방법 중에 하나라고 나는 생각한다.

인생의 나이가 40이 되었다면 이제는 전혀 다른 성격의 직업을 가져 보는 것도 나쁘지 않다. 그것은 지금까지 20대와 30대의 직업이 가족을 위한, 부모님을 위한 직업이었거나 혹은 자신이 진정으로 좋아하지 않는 직업일 확률이 매우 높기 때문이다. 다시 말해 우리가 새로운 직업을 가질 때 그 직업은 우리로 하여금 잠을 설치고 아침마다 가슴 뛰게 만드는 그런 직업을 자유롭게 가질 수 있는 최저의 나이가 바로 인생 40이라는 것이다.

새로운 직업은 당신에게 지금까지 살아오면서 한 번도 맛보지 못한 새로운 세상으로 들어갈 수 있게 해 주는 돌파구 혹은 출입문이 되어 줄 수 있다. 새로운 직업은 순전히 당신만을 위한 직업이 되어 줄 수 있다. 누구의 간섭도 받지 않고 마음껏 인생을 누릴 수 있는 그런 환상적인 직업을 당신은 가질 수 있다.

그리고 이것은 20대와 30대를 치열하게 살아온 40대 당신이 누릴 수 있는 40대의 특권이며 사치이며 향락이다. 그러므로 누려라. 뼛속까지 들어가서 누려라. 당신의 삶이 눈부시게 될 것이다.

멋진 인생을 살겠다고 마음먹는 순간, 당신의 인생이 극적으로 달라질 수 있다. 그것은 당신에게도 멋진 인생을 살아갈 수 있는 잠재력이 숨겨져 있었기 때문이다. 우리는 누구에게나 그런 잠재력이 숨겨져 있다. 그것을 발견하고 활용하느냐 못 하느냐는 전적으로 자기 자신에게 달려 있다.

새로운 직업을 가져 보면 자신도 몰랐던 여러 가지 잠재력을 발견하게 되기도 하고 활용하게 되기도 한다. 그 결과 더욱더 성장하고 도약하는 자신을 발견하게 된다. 성장하고 도약하는 중년만큼 멋진 중년이 또 어디 있을까?

이제 인생의 최대 과제는 수명 연장이 아니다. 긴 인생을 좀 더 다양하고 다채롭게 그리고 행복하게 살아내는 것이다. 그렇게 하기 위해 가장 필요한 것이 무엇이겠는가? 돈이 아무리 많아서 하루 종일 빈둥빈둥 놀거나 세계 여행을 다닌다 해도 몇 개월이면 지루해진다. 10년 20년을 행복하게 살기 위해서는 일을 해야 한다. 그렇기 때문에 우리는 타인의 입김이 가득 묻어 있는 직업이 아닌 자기 자신만의 직업을 가질 필요가 있는 것이다.

우리가 40이 되어 새로운 직업을 가져야 하는 또 다른 이유가 있다. 그것은 인간이 가진 기본적인 욕구 때문이다. 우리는 보통 식욕이나 성욕과 같은 생리적 욕구만 만족되면 살아갈 수 있는 그런 동물이 아니다. 우리의 인생은 그것보다 더 고차원적인 욕구를 가지고 있다. 매슬로우는 이러한 사실에 대해 욕구 5단계 설을 주장한 바 있다.

동물과 달리 인간의 욕구 체계는 매우 복잡하며, 이미 만족된 욕구는 더 이상 인간에게 동기 부여 요인이 될 수 없으며, 상위 수준의 욕구가 우리에게 영향을 주기 위해서는 먼저 하위 수준의 욕구가 충족되어야 한다고 그는 주장했다. 또한 그는 생리적 욕구를 비롯해서, 안전에 대한 욕구, 사회적 욕구, 존경에 대한 욕구, 그리고 제일 상위 단계의 욕구인 자아실현에 대한 욕구 등이 있다고 주장했다.

우리가 새로운 직업을 가질 때 5단계 욕구인 자아실현의 욕구를 충족시켜 줄 수 있다. 과거의 직업은 생존을 위한, 생계를 위한, 타인을 위한 직업일 가능성이 높기 때문이다. 가장 고차원적인 욕구인 자아실현의 욕구는 결국 인간이 꿈을 꾸고 그 꿈을 향해 살아가는 것이 최고의 인생인 이유에 대해 어느 정도 설명이 되기도 한다.

그래서 꿈이 없는 인생은 동물이나 식물과 다를 바 없다. 생명을 그저 연명한다는 의미에서 그렇다. 꿈이 있고, 그것을 위해 살아간다는 것은 결국 자아실현을 위해 노력하며 살아간다는 것이다. 자아실현을 위해 우리는 성장하고 발전하고 도약하는 것인지도 모른다. 그리고 이 모든 것이 가능하기 위해서는 꿈과 직결되는 새로운 직업을 가져야 한다고 필자는 생각한다.

가슴 뛰는 인생 후반전을 위해 17. 앞으로 50년의 인생, 50년의 삶을 설계해 보자.

기쁜 소식 한 가지가 있다. 그것은 '우리는 우리의 가능성을 펼칠 수 있는 완벽한 삶의 기회를 얻은 시대에 살고 있다' 는 것이다. 그리고 그것이 의미하는 것은 우리 스스로에게 우리의 가능성의 성공과 실패가 달려 있다는 것이다. 그렇기 때문에 우리에게 필요한 것은 앞으로의 50년을 어떻게 제대로 살 살아갈 것인가에 대한 계획이다.

인생의 나이 40에 앞으로의 50년의 인생, 50년의 삶을 설계해 볼 때 가장 중요한 것은 경직된 삶에서 벗어나 유연한 삶을 살아갈 수 있도록 설계해야 한다는 점이다. 대부분의 경우 인생을 꿈꾸고 설계할 때 너무 구체적으로 설계하여 그 계획에 끌려다니고 그것대로 살기 위해 너무 자신을 학대하고 스스로 착취하는 실수를 범한다.

아니면 이와 반대의 경우도 있다. 너무 광범위한 계획을 잡기 때문에 계획이 없는 것과 다를 바 없는 실수를 범하는 것이다. 이 두 가지를 우리는 모두 주의해야 한다. 숲과 나무를 모두 살펴 볼 수 있는 그런 계획을 세우고 50년의 삶을 설계하는 것이 중요하다.

너무 완벽한 삶을 살기 위해 노력하는 것도 문제이지만 너무 대충대충 되는 대로 살려고 하는 것도 문제이다. 그래서 향후 50년의 삶을 설계해 볼 필요가 있다고 생각한다. 향후 50년의 삶을 설계 하게 되면 건강의 중요성을 새삼 느끼게 되고, 자신만의 경쟁력의 강화와 필요성을 느끼게 되고, 세상의 냉혹함도 생각해 보게 된다.

이러한 다양한 생각은 우리가 시행착오를 적게 할 수 있게 해 주는 예방주사인 것이다. 그리고 향후 50년의 삶의 설계는 중간에 실패를 했다 해도 그 실패가 크게 우리의 인생을 좌지우지 할 만큼 흔들어 놓지 못하게 하는 좋은 방어책이 된다. 50년의 삶의 설계 속에는 성공과 실패도 수십 번 혹은 수백 번 포함되어 있기 때문이다.

향후 50년의 삶의 설계는 또한 작은 일에 일희일비하지 않고 평상심을 유지하며 살아 낼 수 있는 든든한 버팀목이 되어 줄 것이다. 피할 수 없는 일에 대해서는 담담하게 받아들일 수 있게 해 주고, 해야 할 일에 대해서는 즐기면서 할 수 있게 해 주며, 좀 더 유연하고 창조적인 삶을 살아갈 수 있게 이끌어 줄 것이다.

향후 50년의 삶의 설계는 순간의 분노로 큰 실수를 저지르거나 잘못을 하는 일을 미리 막아 줄 것이다. 또한 이것은 눈앞의 작은 이익 때문에 인간관계를 해치는 그런 어리석은 일을 하지 않도록 생각이 깊어지게 해 줄 것이다.

향후 50년의 삶의 설계는 인생을 보다 더 긴 시각으로 길게 내다보며 살아갈 수 있게 해 준다. 이렇게 많은 유익한 점이 있기 때문에 40의 중년인 당신에게 가슴 뛰는 인생 후반전을 위해 반드시 해야 할 일이라고 필자가 제안하고 있는 것이다.

향후 50년의 삶의 설계는 그동안 너무 바쁘게 살아왔기 때문에 간과한 사실들에 대해 새롭게 생각해 볼 수 있는 기회를 제공해 준다. 생각이 바뀌면 우리의 인생도 바뀌게 되어 있다. 그런 점에서 삶의 설계를 통해 우리는 새로운 생각을 할 수 있게 되고, 어제와 다른 생각을 가지게 된다. 그 결과 우리의 인생도 바뀌게 되는 것이다.

향후 50년의 삶의 설계는 아무 목적도, 아무 계획도 없이 하루하루 그저 바쁘게 살다가 나중에야 문득 후회하는 그런 삶을 예방해 준다. 그래서 후회로 인생을 낭비하는 것을 막아 준다. 즉 후회 없는 삶을 살아갈 수 있도록 이끌어 주는 좋은 이정표가 되어 줄 것이다.

가슴 뛰는 인생 후반전을 위해 18. 40대 진짜 공부에 도전해 보자.

인생의 전반부는 누구나 다 강요받는 삶, 누군가로부터 이끌리는 삶을 살아간다. 자신의 의도와는 상관없이 학교를 다녀야 하고, 남자라면 의무적으로 군대에 가야 한다. 자신이 하고자 결단하지 않아도 초등학교부터 중학교, 고등학교, 대학교를 다니면서 강요에 의해 공부를 해야 한다.

대학 졸업 후에도 이야기는 달라지지 않는다. 좋은 직장에 취직해야 하는 것이 이미 정해져 있는 듯 취직해야 한다. 취직을 한 후에도 달라지는 것은 없다. 좋은 배우자를 만나서 결혼해야 하는 것이 이미 정해져 있는 듯 결혼해야 한다. 우리는 이렇게 무엇인가를 잃어버린 듯, 누군가가 이미 지나갔던 그 길을, 아니면 누군가가 이미 정해 놓은 듯한 그 길을 가면서 인생의 전반부를 살아간다. 문제는 이렇게 살다 보면 아무것도 나다운 삶을 살아 갈 수 없다는 것이다.

하지만 이러한 사실에 대해서 깨닫게 된다 해도 '삶이 그대를 속일지라도 결코 슬퍼하거나 노하지 말라' 는 푸쉬킨의 말대로 우리는 슬퍼하거나 노할 필요가 없다. 인생의 전반전은 결국 눈부신 인생의 후반전을 위한 리허설에 불과하기 때문이다.

40대 중년의 가장 큰 문제는 인생의 리허설에 불과한 인생의 전반부에는 강요에 의해서라도 공부를 하지만 정작 중요한 진짜 인생인 인생의 후반부를 시작하는 40대 때는 그렇게 공부의 중요성을 인식하지 못한다는 것이다.

직장의 은퇴 시기는 점점 더 빨라지고 있다. 하지만 그 이후를 준비하는 사람은 그렇게 많지 않다. 인생의 전반부에는 어떻게 살아야 할지 강요하고 이끌어 주는 사람들이 차고 넘치지만 정작 중요한 인생의 후반부에는 아무도 그 어떤 것도 강요하거나 이끌어 주지 않는다. 그런 점에서 자기 스스로 자신의 삶의 길을 발견하고 개척하고 나아가야 하는 시기는 중년이다. 하지만 인생의 산전수전을 다 겪었다는 것 하나만으로는 자신의 길을 스스로 개척하거나 옳은 길을 발견하고 자신의 길을 걸어갈 수는 없다.

바로 이때 필요한 것이 진짜 공부이다. 스스로 삶을 개척해 나가야 하고, 스스로 자신의 인생의 참 된 주인이 되어 스스로에게 어떤 길을 제시하고 어떤 삶을 이끌고 가야 할지를 정립해야 한다. 그렇게 하기 위해서는 재능이나 능력이 필요한 것이 아니라 인생과 세상과 미래에 대해 내다 볼 줄 알고 본질을 꿰뚫어 볼 수 있는 통찰력이 필요하다. 그리고 그 통찰력을 통해 얻게 된 내용에 대해 올바른 판단을 할 수 있는 훌륭한 의식과 사고력이 필요하다.

이러한 것들을 기를 수 있는 방법은 단 한 가지뿐이다. 진짜 공부에 도전하는 것이다. 공부라고 해서 대학원에 다시 입학하라고 말하는 것은 절대 아니다. 오히려 대학원에 다시 입학해서 배울 수 있는 것은 진짜 공부가 아니라 전문 지식에 가깝다. 진짜 공부는 독서를 통해 세상에 대한 통찰력을 키우고, 의식과 사고의 도약을 이루는 것이라고 필자는 생각한다.

인생이 조금 보이기 시작 할 때가 바로 40대이다. 20대는 세상이 무엇인지, 자기 자신의 누구인지, 무엇을 정말 좋아하는지, 세상의 참 된 의미는 무엇인지에 대해 잘 알 수 없다. 그저 타인의 생각과 타인의 경험과 타인의 강요만 있을 뿐이다. 하지만 40대는 20대와 30대를 살아오면서 자기 나름의 삶을 형성하고 경험하고 자신만의 생각이 성립된다.

어느 정도 자기 자신의 주관이 형성되는 가장 최초의 시기라고 볼 수 있다. 인생의 산전수전을 다 겪게 되는 가장 젊은 나이가 바로 40인 것이다. 그래서 공자도 인생 나이 40을 '불혹(不惑)' 이라고 말을 했던 것이 아닌가?

늘어난 수명, 길어진 인생이 저주가 아닌 축복이 되게 하기 위해서 반드시 필요한 것은 진짜 공부이다. 평생 현역으로 뛸 수 있기 위해서는 자기만의 뭔가를 길러야 한다. 그것은 자격증이나 스펙이 아니다. 그것은 자기만이 무엇인가를 해 낼 수 있고, 그것이 시장에서의 검증을 통과해서 합격을 해야 한다는 것을 의미한다. 하지만 아무런 준비도 없이 처음부터 시장에서 인정받고, 살아남을 수 있는 사람은 매우 드물다. 그래서 진짜 공부가 필요한 것이다.

진짜 공부는 그런 점에서 자신을 재창조하는 것이며, 자신만이 할 수 있는 그 무엇인가를 발견하고 그 쪽 길을 잘 갈 수 있는 능력을 기르고 훈련하고 연습한다는 것을 의미한다. 만약에 작가의 길을 선택했다면 누구보다 많은 책을 읽고, 사유를 하고, 통찰력을 길러야 한다. 그렇게 하기 위해서는 남들보다 열 배 정도는 더 많은 책을 읽고, 사유를 해야 한다. 이 세상에 공짜는 없다.

40대에 하는 공부의 장점 중 하나는 평생 현역으로 뛸 수 있는 준비와 함께 즐겁고 신나게 자신만의 영역을 선택할 수 있다는 점이다. 20대까지의 공부는 자신의 전공 분야, 취업, 스펙 과 관련된 제한적인 영역을 공부해야 했고, 세상적인 잣대로 평가를 받아야만 했다. 그러한 평가 방식과 제한적인 선택이 우리로 하여금 공부에 대한 열정과 기쁨을 빼앗아 갔다고 할 수 있다. 그런데 40대의 공부는 그야말로 자유로운 공부이며, 그로 인해 즐거운 공부가 될 수 있을 뿐만 아니라, 보다 나은 삶을 위한 진짜 공부도 된다.

공부는 또한 우리를 젊게 해 주고 건강하게 해 준다. 공부를 하면 할수록 우리의 뇌는 활성화 된다. 우리가 늙는 이유는 몸보다도 먼저 뇌가 늙기 때문이라고 뇌과학자들은 말을 한다. 그런 점에서 공부는 뇌를 활성화해 주고, 뇌의 노화를 가장 효과적으로 방지해 준다. 자신을 재창조하는 창조적인 공부는 우리를 젊고 건강하게 해 준다.

가슴 뛰는 인생 후반전을 위해 19. 중년의 품격이 우리를 드높이게 하자.

아주 오래전에 '신사의 품격' 이란 훈훈한 주말 드라마가 방영이 된 적이 있었다. 드라마를 전혀 보지 않고 3년을 살았던 필자에게 처음으로 드라마도 이렇게 재미있을 수 있다는 사실을 깨닫게 해 준 드라마였다.

일요일 저녁 10시 이후에 도서관에서 집에 들어오면 아내와 자녀들이 킥킥 대며 웃으면서 손뼉 치면서 너무나도 재미있게 어떤 드라마를 보고 있는 것이 아닌가? 가장으로서 한 마디 하지 않을 수 없었다.

" 뭐야! 드라마가 뭐가 그렇게 재미있어?"

내 딸은 이제 겨우 초등학교 2학년이다. 왜 그렇게 드라마에 심취했는지, 남자의 자격은 40대의 남자 4명의 이야기이다. 그런데 초등학교 2학년이 그런 드라마를 보면서 킥킥 대며 웃으면서 ' 음~ 인생은 바로 저런 거야' 라고 말하는 듯한 표정을 지으면서 보고 있는 것이 아닌가?

결국 몇 주 후에 호기심이 발동해서 도서관에서 컴퓨터로 다운로드 하여 보게 되었다. 그것을 보면서 필자는 무릎을 쳤다. ‘드라마도 이렇게 인생을 잘 묘사할 수 있을까?’ 그것도 40대의 중년 남자의 애환과 상처와 사랑과 인생을 말이다.

그 드라마를 보면서 나는 치유(healing, 힐링)를 받은 느낌을 받지 않을 수 없었다. 솔직히 인생의 쓴맛, 단맛, 더러운 맛, 짠맛, 치사한 맛 등 맛이란 맛은 다 본 인생의 40줄에 들어선 우리들은 모두 상처받은 동물들이다.

그 상처를 그저 안고 살아갈 뿐이다. 그런데 이 드라마를 보면서 필자는 내면이 치유되는 느낌을 받은 것이었다. 그러한 치유의 가장 큰 본질은 ‘저 사람들도 나와 같은 아픔과 애환과 인생을 살아가고 있구나’ 라는 동질감에서 비롯된 것이라고 생각해 볼 수 있었다.

그 드라마를 통해서 좀 더 멋지고 근사한 중년의 삶이 충분히 현실에서도 가능할 것이라는 희망을 보았다. 그것이 바로 품격있게 사는 것에 대한 결단이었다. 그동안 필자는 정말 품격 없는 삶을 3년 동안 살았다. 직장을 다닐 때는 그나마 직장인으로서 사회적 지위가 있었다. 그것 자체가 하나의 격이라면 격이었다.

그런데 백수가 되고, 전업 남편이 되어 밥하고 빨래하고 기저귀 갈고 걸레만 빨다 보니 품격이 있을 수가 없었다. 변변한 구두도 하나 없게 되고, 변변한 옷도 하나 없게 되는 것이다. 물론 입고 신는 것이 우리의 품격을 의미하지는 않는다. 하지만 그런 것 하나 없으면서도 품격 있는 삶을 살 수는 없다. 그런 것들이 없다는 것은 결국 심리적, 경제적, 사회적 여유가 없다는 것을 의미하기 때문이다.

품격은 여유에서 비롯된다. 그래서 여유가 없는 사람은 미처 품격 있는 삶을 살아갈 수 없게 된다. 여유가 있을 때 삶은 더욱 더 알차지고 튼실해진다. 품격이 우리의 삶을 아름답게 해 준다. 그것이 우리의 삶을 아름답게 해 줄 수 있는 것은 내면에서 우러나오는 진짜 영혼을 의미하기 때문이다.

그래서 진정한 아름다움은 돈으로 살 수 없다. 돈으로 값비싼 명품을 아무리 많이 산다 해도 매력까지 살 수 없는 이유가 이것이다. 품격은 돈이나 값비싼 물건으로 내세될 수 없는 신비한 힘을 가지고 있다. 그 신비한 힘은 우리에게 매력과 카리스마를 덧입혀 준다. 누구는 누더기 옷을 입고 있어도 품격이 넘쳐나는 사람이 있다. 이런 사람은 누구를 만나도 매력과 카리스마로 상대를 압도하는 사람이다.

품격은 우리의 인생을 드높인다. 품격 있는 사람은 내면에 자신감과 여유가 있다. 그래서 품격 있는 사람들은 차분하고 침착하고 친절하고 미소가 넘쳐 난다. 품격 있는 사람들은 이미 마음이 부유한 사람이다. 그래서 삶도 역시 풍요롭다. 그래서 품격 있는 사람들은 나누고 베풀고 헌신할 줄 아는 사람이다. 이런 사람들이 진정한 아름다움을 아는 사람들이다.

명품으로 주렁주렁 치장한 사람이 여유와 친절이 없다면 그것보다 더 보기 싫은 것이 없다. 명품을 가질 수 있는 여유 있는 사람이 여유와 친절과 아름다운 미소와 상대에 대한 배려까지 있다면 그것만큼 멋진 사람도 이 세상에 없을 것이다. 결국 우리의 가치를 드높여 주는 것은 우리의 소유물이 아니라 우리의 품격이며, 우리의 행동이다.

‘낳아 기르되 소유하지 않고, 행하되 내세우지 않으며, 이끌되 지배하지 않는다.’

노자의 [도덕경]에 나오는 이 말처럼 품격 있는 사람을 상대에게 과시하거나 지배하려고 하지 않는다. 오히려 배려하고 나누고 이끌어 줄 뿐이다. 그런 사람은 어디에 가도 대접을 받을 수밖에 없다. 그것은 품격 그 자체가 스스로 드높이는 역할을 했기 때문이다.

가슴 뛰는 인생 후반전을 위해 20. 철학자가 되어 사유의 경계를 넓혀 보자.

한국은 고속 성장하는 데 성공했다. 눈부신 경제 성장을 이룩했다. 세계적으로 찾아보기 힘들 정도의 고속 성장이었다. 하지만 독특함이 없다. 그리고 철학이 없다.

하루하루 먹고사는 것조차 힘든 시절을 우리 선배들은 겪었다. 그래서 무조건 열심히 일을 했다. 근면이 최고의 덕목이었다. 그 결과 세계에서 가장 일을 많이 하는 민족 중에 하나가 되었다. 그 결과 UN으로부터 원조를 받던 나라 중 유일하게 지금은 UN에 원조해 주는 그런 유일무이한 나라가 될 수 있었다.

문제는 경제가 아니었다. 한국의 경제는 기적이라고 할 만큼 급성장했다. 과거에 비하면 너무나 풍요롭게 살게 되었지만, 우리의 내면은 피폐해져 있다는 것이 문제다. 자살률이 세계 최고 수준이고, 하루에 40명 이상이 자살을 하고, 이혼율도 세계 최고 수준인 그런 나라들 중 하나가 되었다

우리는 다시 한번 생각해 보아야 한다. 과연 무엇을 위해서 누구를 위해서 그렇게 열심히 살아가고 있는 것인지를 말이다. 한

국 사회의 이러한 정상이 아닌 기현상을 하루하루 겪으면서 살아가고 있는 우리에게 가장 필요한 것은 우리가 왜 살고, 무엇을 위해 살며, 삶의 진정한 가치와 의미는 무엇인지에 대한 자각이다.

그래서 철학이 우리에게 필요하다는 것이다. 그것도 인생의 중간 지점을 살아가고 있는 40대들에게는 특히 더 절실하게 필요하다고 할 수 있다.

지금까지의 삶을 반추해 보고, 앞으로의 삶의 방향과 방법, 의미와 가치를 세워야 하는 가장 적당한 시기이기 때문이라고 생각한다.

우리에게 왜 살아가야 하는지에 대한 삶의 의미가 필요한 것은 부침이 심한 인생에서 좀 더 강하고 굳세게 살아가기 위해서이다. 가난하고 살기 힘든 사람만 자살하는 것이 아니라 부자들도 자살하는 경우가 적지 않다. 그것은 철학이 없기 때문이다. 철학은 우리에게 삶의 의미를 깨닫게 해 주고 왜 살아가야 하는지에 대해 사유를 하게 해 준다.

철학을 한다고 해서, 사유를 한다고 해서 삶의 의미와 이유에 대해 정확히 옳은 답을 찾을 수 있다고 말하는 것은 아니다. 하지만 철학하며 사유하는 삶의 습관을 통해 우리는 좀 더 의미있고 가치 있는 삶에 근접해 나갈 수 있게 된다. 그것은 어떻게 보면 가장 바람직한 삶의 모습이다.

또한 우리에게 철학이 필요한 이유는 철학을 통해 발견한 삶의 의미가 우리를 무엇보다 강하게 만들어 주어 요동치지 않는 인생을 살아갈 수 있게 조력해 주기 때문이다.

오스트리아의 정신 의학자인 빅터 프랭클은 지옥보다 더 고통스러운 아우슈비츠 강제수용소에서 삶의 의미를 중요성을 뼈저리게 느꼈다. 인생의 의미를 가진 자는 어떤 상황에서도 견디어낼 수 있다는 것을 직접 눈으로 목격했을 뿐만 아니라 자기 자신도 그러한 사람들 중에 한 명이었던 것이다.

삶의 의미를 가진 자는 어떤 어려운 상황에서도 이겨 낼 수 있고, 우울증에도 쉽게 걸리지 않는다. 이것이 우리가 철학을 해야 하는 이유 중 하나인 것이다. 또한 철학을 하게 되면 세상을 바라보는 눈이 뜨인다. 즉 문리가 트이게 된다.

철학 하는 수준과 정도에는 개인의 차가 있을 수 있다. 하지만 아예 하지 않는 것보다 철학을 하는 습관을 통해 철학을 하고 사유를 넓혀 간다면 세상과 인간에 대해 좀 더 깊은 통찰력을 가질 수 있게 된다. 그러한 통찰력은 인생을 좀 더 웅숭깊게 살아갈 수 있도록 해 줄 뿐만 아니라 행복하고 성공적으로 살아갈 수 있게 해 준다.

행복이나 성공 또한 세상의 다른 것들처럼 우리가 아는 만큼, 생각하는 만큼 발견하게 되고, 발견하게 되는 만큼 누릴 수 있게 된다는 말은 틀린 말이 아닐 것이다. 우리가 철학을 통해 사유를 넓혀 가는 연습을 꾸준히 하게 된다면 우리는 그만큼 더 많이 볼 수 있고, 알 수 있고, 생각할 수 있게 될 것이다. 그리고 그만큼 더 우리는 행복과 성공을 가까이할 수 있게 될 것이다.

"우리를 피로하게 하는 것은 사랑이나 죄악 때문이 아니라 지나간 일을 돌이켜 보고 탄식하는 데서 온다."

-- 앙드레 지드

에필로그_ 눈부신 인생 후반을 위하여.

" 꽃봉오리가 열리고 보잘것없는 것으로부터 위대한 것이 태어나는 인생의 정점에서, 하나는 둘이 된다. 늘 우리의 내부에 존재하지만 보이지 않았던 이 위대한 모습은 대각성을 촉구하며 지금까지의 내게 정면으로 맞서 떨쳐 일어난다."

- 카를 구스타프 융 -

이제 우리는 보잘것없는 것으로부터 위대한 것이 태어날 수 있는 인생의 정점인 40대를 살아가고 있다. 그리고 우리 내부에 존재해 왔지만, 그동안 미처 발견하지 못했던 위대한 자아를 이제는 발견해야 할 시기를 맞이했다.

이제 인생의 정점에서 우리가 해야 할 일은 위대한 인생 후반기를 위한 50년 인생 계획표를 작성하는 것이다. 그러한 행동을 통해 우리는 진정한 인생을 시작할 수 있다. 다른 사람이 시키는 일이나 하는 그런 인생을 버릴 수 있다. 온통 타인의 지문밖에 없는 내 인생은 버릴 수 있다 이제는 내 지문만으로 가득찬 눈부신 인생을 살아 볼 수 있다.

이것이 40대가 누릴 수 있는 가장 큰 특권이다. 특권에는 언

제나 책임이 뒤따른다. 하지만 특권은 엄청난 혜택을 우리에게 제공한다. 20대나 30대들이 도저히 가질 수 없는 인생의 내공이다. 그것은 40대들에게 엄청난 위력을 발휘할 수 있게 해 주고, 새로운 눈부신 인생을 시작할 수 있게 해 준다.

오늘은 어제와 다르며, 40대의 삶은 30대의 삶과 다르다. 그렇기 때문에 우리는 새로운 삶을 위한 변화를 시도해야 한다. 정체된 삶은 죽은 삶이기 때문이다. 변혁의 시대에 어제와 같은 삶을 산다는 것은 불타는 갑판 위에서 그대로 죽음을 기다린다는 것을 의미할 뿐이다. 생존이 가능한 삶은 그곳에서 뛰어내리는 길 뿐이듯, 변혁의 시대에 생존하기 위해서는 새로운 삶으로 변화를 추구하며 뛰어내려야 한다.

40대, 우리는 우리 자신을 혁명할 수 있다. 그것이 40대가 하지 않으면 안 될 최고의 것이다. 변화와 혁명은 더 이상 타인의 지문이 가득 한 타인의 삶으로부터 뛰어내리는 것이다. 우리는 우리 자신이 되어야 한다. 그것이 생존하고 성공하고 번영하는 가장 확실한 길이다.

우리는 눈부신 인생의 후반전을 위해 지금 이 순간, 즉 40대를 살아야 한다. 우리에게 필요한 것은 인생 후반기를 준비하는 마음과 실천이다. 제대로 된 준비를 위해서는 과거에서 뛰어내려야 하고 결별을 선언해야 한다. 과거의 삶과 과거의 생각과 과거의 습관에서 완전하게 벗어나야 한다.

우리의 뜨거운 40대의 하루하루는 모두 도약과 성장을 위한 귀중한 시간이다. 그 시간을 누군가는 따분하고 지루하게 어제와 다를 바 없는 오늘을 살아간다. 하지만 누군가는 가슴 뛰고 설레는 마음으로 뜨겁게 살아간다.

당신은 어떤 삶을 선택할 것인가? 성공적인 삶, 행복한 삶이라고 해서 결과가 좋아야만 하는 것은 아니다. 결과는 아무도 알 수 없다. 중요한 것은 하루하루의 삶이 성공적이고 행복하다면 그 인생은 멋진 인생일 것이다. 문제는 하루하루의 삶을 낭비하고 방황하고 절망하며 무미건조하게 살아가는 사람일수록 성공적이지도, 행복하지도 않다는 점이다.

활기차게 눈부신 하루하루를 살아가는 사람들은 도전하고, 열정적으로 살아가는 사람들이다. 그런 사람들은 항상 어제와 다른 자신을 창조하기 위해 노력하는 창의적인 사람들이며 어제와 다른 내일을 살기 위해 씨앗을 심는 사람들이다.

눈부시고 빛나는 인생을 산다는 것은 20대의 전유물이 아니다. 40대들은 진정 눈부시고 빛나는 인생을 살아가야 한다. 그리고 그것은 누구나 가능한 일이다. 눈부신 인생을 산다는 것은 열광하며 전율하며 무엇인가에 도전하며 성장하며 살아간다는 것이다. 그것이 없다면 인생은 아무것도 아닐 것이다.

언제나 그렇듯 가장 큰 방해물은 우리 자신이다. 우리 자신의 생각이며 잘못된 선택이다. 그러므로 그러한 과거와 익숙한 것들과 결별을 선언해야 한다. 그리고 지금 이 순간을 살아야 한다. 오늘 눈부신 하루를 살아갈 수 있다면 눈부신 인생을 살아갈 수 있다.

눈부신 인생 후반을 살아가기 위해서 무엇보다 자기 자신을 되찾아야 한다. 그것이 가장 중요하다. 가장 행복하고 눈부신 인생은 자신의 삶을 자기 자신이 되찾아 그 삶을 살아가는 것이다.

“ 어떤 개인이라도 자신의 삶을 선택하는 것이 아니라 다른 어떤 것의 삶을 선택한다면, 사리에 맞지 않을 뿐만 아니라 행복할 수도 없을 것” 이라고 고대의 철학자 아리스토텔레스는 자신의 저서인 [니코마코스 윤리학(Nicomachean Ethics)]에서 밝힌 바 있다.

40대의 중년은 반드시 자기 자신의 삶을 되찾아야 한다. 그것이 행복한 삶이며 성공적인 삶이기 때문이다. 그것뿐이다. 가장 큰 인생의 낭비는 다른 사람의 삶을 살기 위해 자신에게 한정된 주어진 아까운 시간을 낭비하는 것이다.

위대한 철학자 플라톤은 말했다. '시작이 반이다.' 라고! 자 이제 가슴 뛰는 눈부신 인생 후반전을 위해 시작해 보자. 결단하고, 도전해 보자. 사유의 경계를 넓혀보자.

삶의 온도를 높여 보자. 그리고 무엇보다 세상이 당신에게 할 수 없다고 말하는 바로 그것을 해 보자. 그리고 좀 더 많은 실패와 시행착오를 경험해 보자. 실패를 다른 시각에서 바라보자.

" 삶을 변화시키려면 지금 당장 시작하라.
이유나 변명을 달지 말고 정열적으로 삶을 살아라."

윌리엄 제임스의 이 말을 우리는 늘 되새겨야 할 것이다. 행운을 빈다.

판권

초판 인쇄: 2025년 11월 30일
초판 발행: 2025년 11월 30일

만든이: 김병완
발행인: 플랫폼연구소

출판등록: 제 2020-000075호

이메일: pflab2020@naver.com

주소:서울시 강남구 삼성동 116 백우빌딩 402호

ISBN 979-11-24195-03-1(03190)